Buenos Aires 1910 2010

Panorama de Buenos Aires.

Puerto de Buenos Aires

Port of Buenos Aires

Hafen von Buenos Aires

Port de Buenos Aires

1910 - 2010

Puerto Madero

Puerto Madero

Puerto Madero

Productos de exportación ✦ Exportation ✦ Ausfuhr ✦ Exportation

Parque Lezama • Lezama Park • Lezama Park • Parc Lezama

La Boca, Parque Lezama, Estación Constitución

La Boca, Lezama Park, Constitución Station

La Boca, Lezama Park, Constitución Bahnhof

La Boca, Parc Lezama, Gare Constitución

La Boca

Riachuelo

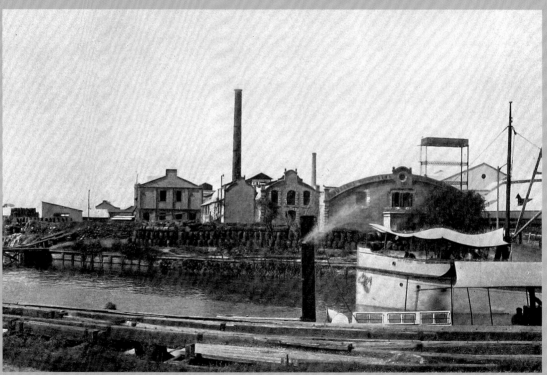

Riachuelo

Parque Lezama ✦ Lezama Park ✦ Lezama Park ✦ Parc Lezama

Buenos Aires, Estación Constitución ✦ Constitución Station ✦ Constitución Bahnhof ✦ Gare Constitución

Banco de la Nación Argentina ✦ National Bank ✦ Nationalbank ✦ Banque Nationale

Plaza de Mayo

May Square

Mai Platz

Place de Mai

Casa Rosada ✦ Government House ✦ Regierungsgebäude ✦ Maison du Gouvernement

Buenos Aires, Plaza de Mayo ✦ May Square ✦ Mai Platz ✦ Place de Mai

Casa Rosada, Vestíbulo principal • Entrance Hall • Vorhalle • Vestibule

Salón de recepción ✦ Reception Hall ✦ Empfangshalle ✦ Salle de Réception

Monumento al General Belgrano + Monument to General Belgrano + General Belgrano Denkmal + Monument au General Belgrano

Catedral ✦ Cathedral ✦ Kathedrale ✦ Cathédrale

Banco de la Nación Argentina + National Bank + Nationalbank + Banque Nationale

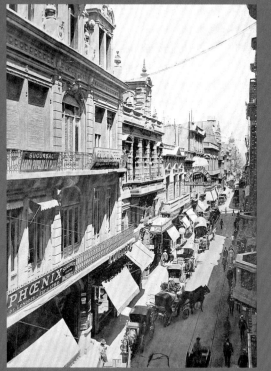

Calle Victoria (hoy San Martín) ✦ Victoria Street (today San Martín Street) ✦ Victoria Straße (heute San Martín Straße) ✦ Rue Victoria (aujourd'hui Rue San Martín)

Iglesia de Santo Domingo ✦ Santo Domingo Church ✦ Santo Domingo Kirche ✦ Église Santo Domingo

Avenida de Mayo • May Avenue • Mai Allee • Avenue de Mai

Centro de Buenos Aires

Downtown Buenos Aires

Zentrum von Buenos Aires

Centre de Buenos Aires

Teatro Colón ✦ Colón Theatre ✦ Colón Teather ✦ Théâtre Colón

Plaza Lavalle ✦ Lavalle Square ✦ Lavalle Platz ✦ Place Lavalle

Escuela Presidente Roca ✦ Presidente Roca School ✦ Presidente Roca Schule ✦ École Presidente Roca

Plaza Libertad ✦ Libertad Square ✦ Libertad Platz ✦ Place Libertad

Plaza Libertad, Monumento a A. Alsina ✦ A. Alsina Monument ✦ A. Alsina Denkmal ✦ Monument à A. Alsina

Congreso Nacional ✦ National Congres ✦ Parlament ✦ Palais du Congrès National

Calle Rivadavia ✦ Rivadavia Street ✦ Rivadavia Straße ✦ Rue Rivadavia

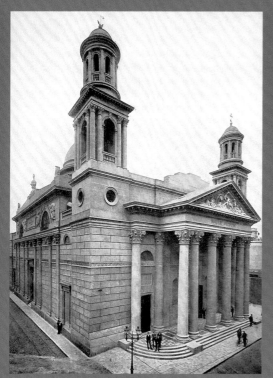

Iglesia La Piedad ✦ La Piedad Church ✦ La Piedad Kirche ✦ Église La Piedad

Cangallo y Reconquista ✦ Cangallo and Reconquista Streets
Cangallo Ecke Reconquista ✦ Rues Cangallo et Reconquista

B. Mitre y Reconquista ✦ B. Mitre and Reconquista Streets
B. Mitre Ecke Reconquista ✦ Rues B. Mitre et Reconquista

Cerrito y Sarmiento ✦ Cerrito and Sarmiento Streets ✦ Cerrito Ecke Sarmiento ✦ Rues Cerrito et Sarmiento

Avenida Callao • Callao Avenue • Callao Allee • Avenue Callao

Ministerio de Educación ✦ Ministry of Education ✦ Erziehungsministerium ✦ Ministère d'Education

Calles Perú, Alsina, Chacabuco y Moreno ✦ Perú, Alsina, Chacabuco and Moreno Streets ✦ Perú, Alsina, Chacabuco und Moreno Straßen ✦ Rues Perú, Alsina, Chacabuco et Moreno

Pabellón Argentino (demolido) • Argentine Pavilion (demolished) • Argentinischer Pavillon (demoliert) • Pavillon Argentin (démoli)

Plaza San Martín

San Martín Square

San Martín Platz

Place San Martín

Maipú y Arenales ✦ Maipú and Arenales Streets ✦ Maipú Ecke Arenales ✦ Rues Maipú et Arenales

Maipú y Arenales ✦ Maipú and Arenales Streets ✦ Maipú Ecke Arenales ✦ Rues Maipú et Arenales

Monumento al General San Martín ✦ San Martín Monument ✦ San Martín Denkmal ✦ Monument à San Martín

Avenida Leandro N. Alem ✦ Leandro N. Alem Avenue ✦ Leandro N. Alem Allee ✦ Avenue Leandro N. Alem

Recoleta

Recoleta, Asilo de Mendigos (hoy Centro Cultural) ✦ Beggars' Home (today Cultural Center) ✦ Armenhaus (heute Kulturinstitut) ✦ Asile des mendiants (aujourd'hui Centre Culturel)

Recoleta, Asilo de Mendigos (hoy Centro Cultural) ✦ Beggars' Home (today Cultural Center) ✦ Armenhaus (heute Kultur-institut) ✦ Asile des mendiants (aujourd'hui Centre Culturel)

Aguas Corrientes (hoy Museo de Bellas Artes) ✦ Running Water Supply (today Museum of Fine Arts) ✦ Wasserversorgungs-anstalt (heute Museum der Schönen Künste) ✦ Distributeur des eaux (aujourd'hui Musée des Beaux Arts)

Avenida Alvear ✦ Alvear Avenue ✦ Alvear Strasse ✦ Avenue Alvear

Recoleta

Avenida Alvear ✦ Alvear Avenue ✦ Alvear Straße ✦ Avenue Alvear

Jockey Club

Club del Progreso

Círculo de Armas ✦ Arms Society ✦ Waffengesellschaft ✦ Cercle des Armes

Jardín Zoológico ✦ Zoo ✦ Zoologischer Garten ✦ Jardin Zoologique

Palermo

Parque 3 de Febrero ✦ 3 de Febrero Park ✦ 3 de Febrero Park ✦ Parc 3 de Febrero

Lago de Palermo ✦ Palermo Lake ✦ Palermo See ✦ Lac de Palermo

Lago de Palermo ✦ Palermo Lake ✦ Palermo See ✦ Lac de Palermo

Jardín Botánico ✦ Botanical Garden ✦ Botanischer Garten ✦ Jardin Botanique

Jardín Botánico ✦ Botanical Garden ✦ Botanischer Garten ✦ Jardin Botanique

Jardín Zoológico ✦ Zoo ✦ Zoologischer Garten ✦ Jardin Zoologique

Jardín Zoológico ✦ Zoo ✦ Zoologischer Garten ✦ Jardin Zoologique

Jardín Zoológico ✦ Zoo ✦ Zoologischer Garten ✦ Jardin Zoologique

Penitenciaría (hoy Parque Las Heras) ♦ Penitentiary (today Las Heras Park) ♦ Strafanstalt (heute Las Heras Park) ♦ Pénitencerie (aujourd'hui Las Heras Parc)

Chalet Unzué (hoy Biblioteca Nacional) ✦ Unzué House (today National Library) ✦ Unzué Haus (heute Staatsbibliothek) ✦ Maison Unzué (aujourd'hui Bibliothèque Nationale)

Avenida Sarmiento + Sarmiento Avenue + Sarmiento Straße + Avenue Sarmiento

Sociedad Rural Argentina + Argentine Rural Society + Argentinische Landwirtsschaftliche Gesellschaft + Société Rurale Argentine

Iglesia Inmaculada Concepción ✦ Immaculate Conception Church ✦ Unbefleckte Empfängnis Kirche ✦
Église de L'Immaculée Conception

Belgrano

Avenida Vértiz ✦ Vértiz Avenue ✦ Vértiz Straße ✦ Avenue Vértiz

Barrancas de Belgrano

Quinta "Los Ombúes" (hoy Embajada de Alemania) + Villa "Los Ombúes" (today German Embassy) + Villa "Los Ombúes" (heute Deutsche Botschaft) + Villa "Los Ombúes" (aujourd'hui Embassade de l'Allemagne)

Departamento de Policia ✦ Police Department ✦ Polizeiverwaltung ✦ Departement de Police

Servicios Públicos

Public Services

Öffentlicher Dienst

Services Publics

Bomberos ✦ Fire Brigade ✦ Feuerwehr ✦ Pompiers

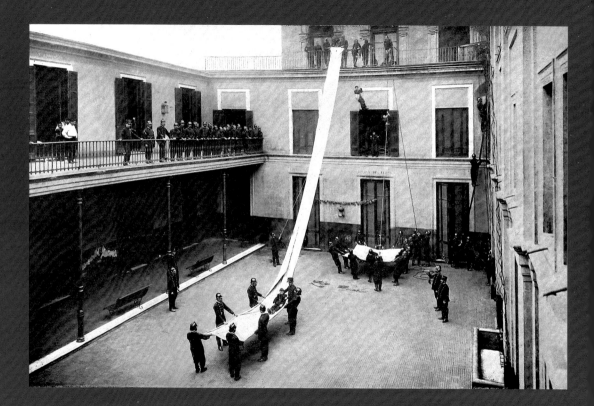

Aguas Corrientes ✦ Running Water Supply ✦ Wasserversorgungsanstalt ✦ Distributeur des eaux

Aguas Corrientes + Running Water Supply + Wasserversorgungsanstalt + Distributeur des eaux

Pabellon del Lago (demolido) + (demolished) + (demolieri) + (demoli)

Porteños

Gath & Chavez / Patio Bullrich

Tango

TIENDA
CONFECCIONES
Y
NOVEDADES

C. Pellegrini y Corrientes ✦ C. Pellegrini and Corrientes Streets ✦ C. Pellegrini Ecke Corrientes ✦ Rues C. Pellegrini et Corrientes

9 de Julio

San Isidro, Tigre

San Isidro

San Isidro

San Isidro

Tigre

Tigre Hotel